무모한 남자

리토피아포에지 · 28
무모한 남자

인쇄 2014. 8. 20 발행 2014. 8. 25
지은이 허광봉 펴낸이 정기옥
펴낸곳 리토피아
출판등록 2006. 6. 15. 제2006-12호
주소 402-013 인천 남구 경인로 77(숭의3동 120-1)
전화 032-883-5356 전송032-891-5356
홈페이지 www.litopia21.com 전자우편 litopia@hanmail.net

ISBN-978-89-6412-043-9 03810

값 8,000원

이 도서의 국립중앙도서관 출판예정도서목록(CIP)은 서지정보유통지원시스템 홈페이지(http://seoji.nl.go.kr)와 국가자료공동목록시스템(http://www.nl.go.kr/kolisnet)에서 이용하실 수 있습니다. (CIP제어번호 : CIP2014024084)

허광봉 시집

무모한 남자

LITERATURE & UTOPIA

시인의 말

중산리에서 출발하여 천왕봉을 향하던 길입니다.
투구꽃과 쑥부쟁이, 구절초, 금강초롱이 길을 막아섭니다.
그리고 간절하게 청을 합니다.
'천왕봉에 오르거든 지리산을 우러러보고,
제석봉 지날 적엔 고사목 들려주는 이야길 듣고,
세석평전 평원 위에 까마귀의 이야기를 가슴에 새기라'고.
그러다 '두발이 빗점골에 이르게라도 되면 노래 한 곡
불러달라'고.
'지리산 들꽃 저마다 피어나는 사연을 담아서' 말입니다.
비단 지리산뿐일까요?
아버지의 철원평야도, 아주 오래된 고전책 행간도,
햇볕 가득한 밀양에서도, 또 담장 너머 장미꽃에서도,
지금 창 너머로 보이는 목멱산 자락은요?
거기 숨 쉬는 소리, 들리시나요?
전 그저 남루한 활자로 옮겨올 따름입니다.

2014년 여름
허광봉

차례

제2부 어디로 가는가

| 제1부 |

꽃이 흔들린다

어느 봄날에

시시한 일상에 너울너울 벚꽃이파리
봄인가?

명성산에서

억새가 노래하는 가을 언덕
비늘 같은 옷을 훌훌 벗어던지는 소리

금병산 산동백

천릿길 저 편 동백은 단심丹心이라는데
김유정 동백꽃은 창백하기만 하네

안산鞍山 에델바이스

설악에 피었단 소릴 들었네
안산 깊은 절벽 끝에 솜다리꽃

안산鞍山 백리향

때 지어 넘어가는 안개구름
백리향도 무리지어 안산 저 편에

나팔꽃

별빛 아래 배배 꼬던 몸
백주대낮 헤픈 웃음 어쩐 일일까

달맞이꽃

하얀 달빛 그리며 노랗게 물들었어
해야 해야, 네 아무리 뜨거워도 데울 수 없어

선자령에 서서

바람 부는 선자령엔 파도 소리가 보여
눈 내린 선자령엔 들꽃 향기가 들려

찔레꽃

오도독한 살냄새가 혀끝에 푸릇
뽀얀 얼굴 대하기는 붉으락하고

제석봉 고사목

구름 따라 바람 따라 풍장인 줄 알았더니
아뿔싸, 욕망의 불쏘시개 눕지 못한 이유라네

세석평전

까마구 깊이 우는 곳
무얼 보고 또 들었길래

천왕봉 쑥부쟁이

유혹이 두려웠던 게지
구절초와 다투어 바람 뒤에 숨다

지리산 투구꽃

투구꽃 푸르른 송이송이
빗점골 푸르러 간 파르티잔이여

교동여자

교동 브로끄 담장 너머
빨간 장미, 숨 막히게 그리울 때가 있다

장미

붉어서 부끄럽다
비추인 내 얼굴 붉어온다

곰취

쌉싸래한 향으로 감추인 것을
기어코 익히고 마는 사람의 혓바닥

마지막 한 잎

떼어내려는 힘과 붙들려는 힘 사이
귓가에 귀뚜라미

상사화

봄에 떠난 님 그리워
붉은 울음 맺힌 가을

수달래

주왕산 화살촉에 피어났는가
뱀사골 탄피에 녹물 들었나

참꽃

몇 몇 풍상 맞고서야 이리 고울까
몇 몇 숨이 피고 져야 저리 붉을까

진달래 능선

화르르 화르르 용맹정진도
후두둑 허물어지는 능선길

하얀 싸리꽃

별무리 은하수로 흐른다
너울너울 조팝꽃이파리

동병상련

고릿적에

꽃을 보며 그녀를 그리던 선비여

花園

坐中花園 膽彼夭葉 / 臥彼東山 望其天 / 明兮美兮 云何來矣 明兮青兮 云何來矣 / 灼灼其花 何彼艷矣 維青盈昊 何彼藍矣 / 斯于吉日 吉日于斯 吉日于斯 吉日于斯 / 君子之來 云何之樂 美人之歸 云何之喜

꽃밭에서

꽃밭에 앉아서 꽃잎을 보네 동산에 누워서 하늘을 보네 / 고운 빛은 어디에서 왔을까 밝고 푸른빛은 어디에서 왔을까 / 아름다운 꽃이여 꽃이여 하늘은 푸른빛 그대는 쪽빛 / 이렇게 좋은 날엔 이렇게 좋은 날엔 이렇게 좋은 날엔 이렇게 좋은 날엔 / 그 님이 오신다면 얼마나 좋을까 그 님이 오신다면 얼마나 좋을까

* 조선 세종 때 泮中日記를 쓴 崔漢卿의 시다. 성균관에서 공부하던 시절, 박소저라는 여인을 사랑하여 썼다고 한다. 이조참판 등의 벼슬을 지냈다. 가수 정훈희가 1979년 칠레가요제에서 처음 불렀고 조관우가 리메이크해서 더 유명해진 '꽃밭에서'의 가사는 최한경의 시에서 따온 가사임에 틀림없다.

오월 청보리

뉘 부르는 소리에
밀려갔다 밀려오는 청보리 물결

| 제2부 |

어디로 가는가

우중산행

빗줄기 거센 산행 중에
산은 이윽고 보이지 않게 되었다

불암산 영신바위

마음이 떨어지고서
발이 안 떨어질 리야

망월사

천진한 부처 노니는 무위당

아니온 듯 다녀가시라는 말씀, 해탈

삼악산

춘천 가는 기차를 불러오는 산
북한강 안개 숲을 고이 거니는 산

가을 산행

가을비 소리 귀에 못 담고
발바닥에 발바닥에 담으며 가는 길

비 한 줄기

오랜 장마에 뼛속까지 젖었다
두고두고 우러날 울음샘이 될 모양

비 두 줄기

장대비 온몸 적시는데
여적 눈물은 짜다

비 세 줄기

장맛비 하염없어도
아직은 내 눈물 따르지 못한다

비 네 줄기

목 놓아 울지 않아도 감출 길 없는
가을비는 슬픈 울음

반물리학

이제 내 눈물에도
만 톤의 배를 띄울 수 있게 되었다

이별

누워서도 떨구는 눈물
눈 감으면 모를까

여름

그네 그림자 두엇 바람에 삐걱이고
텅 빈 운동장 가로질러 플라타너스 그늘 길게 눕는 오후

여름 지나고

매미소리 찌르르르 잦아들지만
그 해 여름은 몸 안에서 다시 찌르르

세월 탓

도도한 한여름 땡감
호물럭 늦가을 홍시

하지夏至 근처

한 해 허리 돌아서는 유월도 깊어
바람마저 숨죽여 볕을 피하는데

완장

왕년에 내가 완장 차는 술집
잔 기울면 그림자도 휘청거리고

낮술 금지

낮엔 광합성을 하시고
밤엔 삼투압을 하시라

취기

소주 두어 병쯤,
이제 낯익은 체온이다

인사동 잡어집

잡어

집채만 한 파도를 만나다

보쌈하다

청록빛 배추이파리 한 폭 치맛자락이다
냉큼 보쌈 해온다

동명항 조개구이

자글자글 물이 넘칠 새면
사내들 짓궂은 젓가락 놀림

조개구이

선사시대도 아닌데
조개무덤을 쌓는다

부부횟집

19도와 36.5도가 만나
열병을 앓는 밤

낮술

회사야
니가 이리 오든가

대취

두어 시간 분명 자네랑 대작했고만
귀신은 언제 합석했더냐

하산下山

술집에 중이 들었다
산중에 채미도 가물었으리

매운탕

맵다며
씩씩거리는 사람도 있다

명태

살아서 빼끔
황태되어 비로소 비명 지르다

여인의 손

건널목 멈추어 아이 머릴 쓰다듬는 여자
내 머리칼이 간질간질하다

사월초파일

원통사 대웅전 마당엔
연등 그림자 하늘을 날고 있다

| 제3부 |

귀 기울여 세상을 읽다

황태

황태는 말라서 썩지 않는데
메마른 삶은 우째 푹푹 썩느니

틈

네 시선이 삐딱했을 때
내가 보였다

컵밥

노량진 생존형 컵밥
문어발이 한 다리 걸치시었다

스마트 폰

결국엔
나를 빛의 속도로 삼켜버리고 말았다

철거

두물머리 삽질은 나라님이 하시고
농부는 시뻘건 아스팔트 위에 가래질을 한다

불면, 외부의 적

대낮같은 어둠 죽은 체 해보아도
빛으로 무장한 적들의 눈

불면, 내부의 적

아침이면 눈을 뜨지 못할까
잠들지 못하고

씨씨티브이

누군가 나를 보고 있다
보았고 또 볼 것이다 그대 관음觀音하시라

자기검열

페북 트윗 철철 넘치는 촌철살인
익명으로 감출 길 없어 셀프검열

역린

살다보니
나라님 말씀 또 거스르는 불경

밀양密陽

햇살 빼곡한 동네

해 그리워 눈물짓는 화악산 평밭마을

촛불

종이컵 울타리에 나폴거리는 불길이
울 넘을라 울 넘을라

VY 캐니스 메이저리스

시속 900킬로 속도의 비행기가 1천 년 넘게 날아야
한 바퀴를 돌 수 있는 별 지구인이여 분발하라

봉인

현관문 비밀번호와 싸우다 지쳐
초인종을 누르는 무모한 남자

아버지의 전쟁

철원평야 아비규환보다 더 붉었을 좌~~흉부관통~~상
들꽃 물들어간 아버지의 진중일기

아버지의 훈장

육이오 지나 이십 년 후 까맣게 세상을 등지시었고
사십 년 더 지나 파란 껍데기 유공자 증서

아버지의 흔적

출근하신 아버지 이불 속 온기는 오래도록 날 달구었다
백골 된 아버지 유해 햇볕 한줌 없이 참 따뜻했다

정치

—택시 · 1

선생님으로 시작해서
개새끼로 끝나는 여정

질주

—택시 · 2

총알택시는

총알보다 빠르게 사선을 넘나든다

어떤 아침
—택시 · 3

눈 깜박할 새 동 트는 걸 보니
난 분명 타임머신을 탔을 것이다

오르가즘 시학時學

창졸지간과 때가 같고
일장춘몽과 뜻이 같다

마른 장마

마른 하늘 날벼락처럼
쩍쩍 갈라지는 마른 장마

| 제4부 |

學論語詩

*도이 신재경 학형 덕에 논어를 접하고, 인류를 관통하는 진실 혹은 진리가 존재하지 않을까 하는 의심으로 시작하여 논어에 편승한 논어시를 적게 되었다. 마침 적절히 학논어시學論語詩라 도이가 이름 붙여주었다.

학습

재주가 능사라
공맹 여기서 길을 잃다

學而時習之면 不亦說乎아
배우고 때로 익히면 또한 기쁘지 아니한가
〈學而편 제1장〉

나이

들판에 곡식 익듯 나이도 익을까
고개도 숙일까

七十而從心所欲하여 不踰矩라

일흔 나이가 되자 무엇이든 하고 싶은 대로 해도 잣대를 넘지 않았다

〈爲政편 제4장〉

침략

팔레스타인 어린 눈망울에
날카로운 다윗의 별

非其鬼而祭之이 諂也요 見義不爲이 無勇也니라

엉뚱한 귀신 모시는 건 아첨이오, 의를 보고도 행하지 않으면 용기가 없는 것이다

〈爲政편 제24장〉

'도를 아십니까?'

도를 묻는 사람아,
나는 저녁에 죽어도 좋을 상인가

朝聞道면 夕死可矣라
아침에 도를 들으면 저녁에 죽어도 좋다
〈里仁편 제8장〉

삼인행三人行

그 많던 스승을
누가 죽였는가

三人行에 必有我師焉이니
세 사람이 길을 가면 거기엔 반드시 나의 스승이 있나니
〈述而편 제21장〉

유수

호르는 강물에 조각배 하나

여여하다

子在川上曰, 逝者如斯夫인저 不舍晝夜로다

공자께서 강물을 바라보고 말씀하시기를, 흘러가는 것이 이와 같구나, 밤낮으로 쉬지 않는구나

〈子罕편 제16장〉

호덕과 호색

덕덕 거리다

떡떡거리는 수가 있소

吾未見好德이 如好色者也로다

나는 덕 좋아하기를 미인 좋아하듯 하는 사람을 아직 보지 못했다

〈子罕편 제17장〉

세한도

소나무 한 그루 부러질망정
눈 덮여 묻힐지언정

歲寒然後에 知松柏之後彫也이니라
날이 추워진 뒤에야 송백이 늦게 시듦을 안다
<子罕편 제27장>

난형난제

동서고금이 형제로세
재고 자실 것두 없고 말고

魯衛之政이 兄弟也로다
노나라와 위나라의 정사政事는 형제처럼 비슷하구나
〈子路편 제7장〉

반성

미안해 잘못했어
그래야 용서가 가능하다는걸 몰라

過而不改 是謂過矣니라
잘못이 있어도 고치지 않는 것, 그것을 잘못이라 이르니라
〈衛靈公편 제29장〉

|해설|

"낯익은 체온" 형은 이미 시였는지도 몰라요

— 허광봉의 시세계

김주대 | 시인

1. 회사야 니가 이리 오든가

회사야
니가 이리 오든가

—「낮술」 전문

생의 진실을 보아버린 중년 사내의 체념과 서늘한 오기가 단 두 줄에 실려 있다. 회사에 있어야 할 시간에 변두리 어느 주점에서 술잔을 앞에 놓고 몇 번을 망설인 끝에 토해 냈겠지. 이탈의 순정한 아픔이 짠하다. 시에는 낮술에 취한

광봉이 형의 모습이 카톡으로 보내주는 사진보다 더 절실하게 담겨 있다. 몇 날 며칠 술에 취해 주고받은 대화보다 더 긴 사연이다. 누가 이 사내를 말릴 수 있겠는가. 형의 시 중 많은 것들이 술과 함께 온 걸 안다.

어느 날 갑자기 툭, 던지듯 내놓은 형의 시들을 읽으면서 목숨의 바닥에서 타오르는 불꽃같은 걸 보았다고 말하고 싶어졌다. 본인의 입으로는 한 번도 말하지 않았던 불꽃, 그것이 문학이었고 시였다는 걸 이제야 알 것 같다. 눈치 늦은 후배가 30여 년 만에 형의 시를 보고 불에 덴 듯 놀라고 있다.

> 이제 내 눈물에도
> 만 톤의 배를 띄울 수 있게 되었다
>
> —「반물리학」 전문

사자 머리카락에 물소만 한 머리, 코끼리 골격의 형은 겉모습과 달리 마음이 곱고 여린 사람이다. 만 톤의 배를 띄울 수 있는 눈물을 가진 사내다. 세상의 어느 구석에서 사자 머리카락을 풀고 앉아 발표하지도 못한 수많은 시들을 혼자 읊고 혼자 울었을 형을 생각한다. 이제라도 시인의 이름을 달고 나오는 걸 공손한 마음으로 축하드린다.

시인 강우식 선생님 이야기를 꺼내야할 것 같다. 사실 광봉이 형과 강우식 선생님을 따로 놓고 생각해 보지 않았다. 형이 처음 시를 보여주었을 때도 그랬고 시를 읽으면서도 그랬다. 내게도 그렇지만 강우식 선생님은 형 시의 저수지 같은 분이다. 86년, 군에서 갓 제대한 스물 몇 살 청년이 선생님의 강의를 듣고 선생님께 반했다고 하니 그 순한 마음이 오죽했겠는가. 대번에 선생님의 시집 『설연집』, 『사행시초』 등을 사서 건들건들 큰 머리를 덜렁대며 선생님을 찾아갔겠지. 선생님은 또 '뭐 이런 놈이 다 있나' 하시면서 껄껄 웃으셨겠지. 그리고 사내들의 뜨거운 사랑이 시작되었겠지.

재작년이었지 싶다. 강우식 선생님 시집 출판 기념회가 끝나고 뒤풀이가 이어져 형과 나는 이튿날까지 술을 마셨다. 술자리에서 우리는 선생님의 제자들이 시를 쓰지 않는다는 건 말이 안 된다며 함부로 즉석 창작 시낭송을 했다. 함께 있었던 광봉이 형 동기인 신재경 형은 3행시를, 광봉이 형은 2행시를, 나는 1행시를 쓰자고 서로 의기양양하게 합의했다. 건배를 하며 괜히 자리에 계시지도 않는 '강우식

만세'를 부르고 선생님을 친구인 양 '우식이가 말이야' 어쩌고 해싸며 호기를 부렸다. 그 때 형이 읊던 2행시들이 장난이 아니었다. 드러내놓지 못했던 불꽃이 기어코 술자리에서 타오르기 시작했던 거였다. "왕년에 내가 완장 차는 술집/잔 기울면 그림자도 휘청거리고"(「완장」) "소주 두어 병쯤/이제 낮익은 체온이다"(「취기」)며 주거니 받거니 하다가 결국엔 강우식 선생님을 찾아 나섰다. 종로 어느 술집에서 우리를 본 선생님의 놀라던 모습이 생생하다. 우리들 시의 산맥이자 발원지인 선생님을 발견한 제자 놈들의 감개무량과 달리 선생님은 또 얼마나 황망하셨을 것인가. 참 좋은 오후였다.

2. 2행시, 긴장과 자유

2행으로 시의 형식을 선택한 데는 여러 가지 사정이 있었을 것이다. 2행이라는 형식 속에 하고많은 세상의 이야기들과 터질 듯한 심장의 열기를 재단해 넣을 때, 예술적 긴장으로 인해 문학성을 배가할 수 있었을 것이다. 허술하게 함부로 토해낼 수 없고 하고 싶은 말도 줄이고 때로는 아예 하지 않는 것. 2행의 고단함이자 묘미이다. 또한 2행은 즉흥성과 기동성을 확보할 수 있는 시의 형식이다. 산행에서든 술자리에서든 자다 깨어 멍하게 앉아서든 짧고 강하게 토해내는 한숨 같은 시이거나 기쁨의 즉흥적 영탄이 탄생하는 것이다. 언제 어디서고 '나'를 발산할 수 있는 형식, 그렇게 본다면 2행은 형에게 있어 구속이 아니라 자유이다. 지천명을 넘은 사내가 본 세계의 비밀이 순식간에 발설되어 나오는 것이다. 아름답다.

> 억새가 노래하는 가을 언덕
> 비늘 같은 옷을 벗어던지는 소리
>
> —「명성산에서」 전문

억새가 바람에 흔들리는 모습을 그린 시다. 흔들리는 억새의 시각적인 모습을 "노래하는" 청각적 인상으로 바꾸고 다시 "옷을 벗어던"진다는 촉각적 이미지로 바꾸었다. 짧은 시이지만 세 번의 이미지 전환이 이루어지고 있다. 산행을 자주 한다는 형의 말이 빈 말이 아니다. 풀 나무 꽃 새 등의 자연물에 관심을 가지고 쓴 시들이 상당수 있는데 이를테면 이런 시도 있다.

> 천릿길 저 편 동백은 단심丹心이라는데
> 김유정 동백꽃은 창백하기만 하네
>
> —「금병산 산동백」 전문

김유정의 소설 '동백꽃'과 형이 본 동백꽃은 같은 꽃이면서도 다르다. 김유정의 소설을 '창백하기만'하다고 단박에 줄여버리는 솜씨가 좋다. 형은 길고 장황한 세상사를 그렇게 줄여버리고 싶었을 것이다.

설악에 피었단 소릴 들었네
안산 깊은 절벽 끝에 솜다리꽃

—「안산鞍山 에델바이스」 전문

'안산'은 강원도 설악산에 있는 봉우리이다. 그런데 안산을 강원도 설악산의 봉우리로 보지 않고 경기도에 있는 한 도시로 본다면 시가 재미있어진다. 경기도 안산시 주변 어느 절벽에서 솜다리꽃을 보면서 언젠가 다녀온 강원도 설악산을 생각하는 것이 되기 때문이다. 시는 먼 곳의 것을 사정없이 당겨오고 가까이에 있는 것들을 한정없이 먼 곳으로 밀어낼 수도 있다.

떼지어 넘어가는 안개구름
백리향도 무리지어 안산 저 편에

—「안산 백리향」 전문

산에 올라보지 않은 사람은 안산 저편으로 무리지어 넘어가는 향기를 볼 수 없을 것이다. 고단한 삶을 잠시나마 잊고자 산에 오른 형의 눈에는 구름만이 아니라 향기도 보이는 것이다. 향기를 '맡지' 않고 '보는' 지경에 이른 것은 도시에서 본 것들을 눈에서 지워버리고 싶은 간절한 욕망일 터. 시를 읽는 독자들에게 "백리향이 무리지어 안산"을 넘는 장관을 떠올릴 수 있게 해주는 것만으로도 시인의 역할을 충분히 해냈다.

산행을 통해 나온 시들은 이 외에도 여럿 있다. 형이 시인으로서 닦아온 마음의 거울 한쪽을 훔쳐보는 재미가 쏠쏠하다. 좀 더 소개한다.

> 바람 부는 선자령엔 파도 소리가 보여
> 눈 내린 선자령엔 들꽃 향기가 들려
>
> —「선자령에 서서」 전문

온갖 종류의 감각들, 감각하지 않으면 안 될, 감각될 수밖에 없는 것들이 얼마나 많은가. 귀에는 백 가지 종류의 소리가 오고, 피부에는 만 가지 종류의 촉각이 오고, 코에는 백만 가지 종류의 냄새가 오고, 눈에는 천만 가지의 빛이 온다.

이것들은 모두 '나'를 뚫고 지나가지 않고 몸에 쌓인다. '나'는 온통 그만 감각인 것이다. 어찌 미치지 않고 똑바로 살 수 있겠는가. 술이 있다면 좀 덜 미치고 감각을 희롱할 수는 있지만 그것도 잠시다. 형을 미치지 않도록 구출해 준 것은 시이다. 형의 시는 그렇게 탄생되고 기록된 몸의 언어다. 아니 어쩌면 형은 오래 전부터 이미 시였던 것인지도 모른다. 그렇지 않고서야 어찌 '소리를 보고' '향기를 듣'겠는가. 형의 시를 읽으면 바람 부는 선자령에 가보고 싶어진다. 눈 내린 선자령에 가보고 싶어진다.

> 까마구 깊이 우는 곳
> 무얼 보고 또 들었길래
>
> —「세석평전」 전문

'까마귀 깊이 우는 지리산' 세석평전, 우리 역사의 아픈 한 대목이 어려 있는 곳이다. 까마귀를 흉조로 보는 이들이 많지만 흉조니 길조니 하는 것은 세속의 가치평가일 뿐이다. 시인은 자신만의 새로운 의미를 까마귀의 울음에 부여한다. 까마귀는 시인으로 인해 새로운 까마귀, 무언가 보고 듣고 아픈 '사연을 우는' 까마귀가 된다. 암울한 시대를 견뎌온 형의 가슴 한쪽에 당연히 그 울음소리가 새겨져 있을 것이다. 그래서 "투구꽃 푸르른 송이송이/빗점골 푸르러간 아, 파르티잔이여"(「지리산 투구꽃」 전문)라고 노래하게 되었을 것이다. "주왕산 화살촉에 피어났는가/뱀사골 탄피에 녹물 들었나"(「수달래」 전문) "몇 몇 풍상 맞고서야 이리 고울까/몇 몇 숨이 피고 져야 저리 붉을까"(「참꽃」 전문) 하고 의뭉스러운 물음도 던지면서. 형은 어느 가을비 내리는 날에도 가을비 내리는 소리를 "발바닥에 발바닥에 담으며" 떠날 줄 아는 사람이 되었겠지.

3. 욕망과 비애

성性은 당당하게 드러낼 때 밝고 명랑한 것이 된다는 생각을 가지고 있다. 정선아리랑의 많은 부분이 남녀간 성을 소재로 한 것도 그런 이유일 것이다. 거기에는 조금의 저속함도 없다. 힘든 일을 하면서 서로 주거니 받거니 부른 노래 남녀 간의 사랑이야기는 애틋하고 따스하게 다가온다. 형의 시에도 남녀간의 사랑이야기가 은유적이고 감각적으로 나타나고 있다

청록빛 배추이파리 한 폭 치맛자락이다
냉큼 보쌈 해온다

—「보쌈하다」 전문

보쌈집에서 식사를 하며 생각했던 것을 쓴 시다. 배추이파리를 여인의 치맛자락으로 보았고 거기에 고기를 싸서 먹는 것을 보쌈 해온다고 표현했다. 재미있다. 치마입은 여인을 그대로 입에 넣을 때의 그 맛이라니. '보쌈'은 혼기를 놓친 총각이 과부를 밤에 몰래 보자기에 싸서 데려다가 부인이나 첩으로 삼는 걸 말하는데 "냉큼"해올 때의 그 설렘은 또 어떻고.

자글자글 물이 넘칠 새면
사내들 짓궂은 젓가락 놀림

—「동명항 조개구이」 전문

여인의 성기는 젖어있어야 한다. 물이 넘칠 정도라면 더할 나위 없이 좋겠다. 물이 넘치는 조개에 젓가락을 갖다 대는 사내들의 짓궂은 모습은 춘화를 보는 듯하다. 해학적이다.

그렇게 정신없이 재미있게 술 마시고 놀다가 집으로 돌아가야 하는 가장의 비애는 어떤 모습으로 나타날까? 아내에게 꼼짝 못하는 사내가 새벽까지 술을 마시고 만취하여 초인종을 누르는 모습. 초인종 소리에 잠이 깬 아내가 사내를 나무라는 모습으로 그려질까? 궁금했는데 형은 이렇게 능

청을 떨어대고 있다

> 현관문 비밀번호와 싸우다 지쳐
> 초인종을 누르는 무모한 남자
>
> —「봉인」 전문

만취하면 비밀번호도 잘 기억나지 않는다. 몰래 들어가서 자야겠는데 현관문이 말을 들어주지 않는다. 기억나는 모든 비밀번호를 눌러도 문이 열리지 않는다. 아내가 번호를 바꿔놓았을지도 모른다. 취한 기운을 빌려 감히 초인종을 누른다. 그 다음 상황을 시인은 우리들의 상상에 맡겨둔다. 시를 읽고 나서 상상하는 것은 시인의 몫이 아니라 독자의 몫이다. "교동 브로끄 담장 너머/빨간 장미, 숨 막히게 그리울 때가 있다"(「교동 여자」 전문)는 형의 그 교동 여자가 형의 연인이라고 해도 나는 다만 상상할 뿐이다.

4. 관찰, 풍경 속에서 언어를 발견하다

철학자 벤야민은 모든 존재가 언어로 이루어졌다고 비유적으로 말한다. 성경 창세기 편에 '빛이 있으라 하시매 빛이 있었고'라는 구절이 나온다. 하느님은 말씀으로 빛을 만드신 것이다. 그 이후에 모든 존재들 역시 하느님의 말씀으로 만들어진다. 모든 존재는 언어로 이루진 것이고 존재에는 언어가 내재되어 있다는 것이 벤야민의 생각이다. 그 언어를 사물과 풍경들 속에서 캐내고 발견해 내는 것이 시인의 몫이다. 광봉이 형은 의식 했건 안 했건 벤야민의 전언을 성실하게 수행하고 있다.

원통사 대웅전 마당엔
연등 그림자 하늘을 날고 있다

—「사월초파일」 전문

하늘을 날고 있는 그림자라니? 연등은 소망을 담고 있는 것이다. 형은 그 소망을 다시 하늘에까지 올려보내주고 있다. 신에게 사람들의 소망을 전달해 주는 이가 시인이 아닐까.

춘천 가는 기차를 불러오는 산
북한강 안개 숲을 고이 거니는 산

—「삼악산」 전문

기차를 부르는 산, 숲을 거니는 산. 형에게 모든 존재는 생물체로 인식되고 있다. 의인화를 거쳐 탄생한 사물들이 스스로 움직이며 어떤 행위를 하는 것이다. "플라타너스

그늘"이 길게 눕는다는 표현 역시 그렇다

> 그네 그림자 두엇 바람에 삐걱이고
> 텅 빈 운동장 가로질러 플라타너스 그늘 길게 눕는 오후
>
> —「여름」 전문

유정물화 혹은 의인화는 문학적 수사법이기도 하겠지만, 사물을 바라보는 따스한 시각이 반영된 형의 인생 살아내기 방법이기도 하다. 따스한 시각으로 사물에 내재된 언어를 캐내는 솜씨가 만만치 않다.

> 건널목 멈추어 아이 머릴 쓰다듬는 여자
> 내 머리칼이 간질간질하다
>
> —「여인의 손」 전문

우연히 바라본 광경에서 시를 캐내었다. 아이의 머리를 쓰다듬는 여자를 보고 "내 머리칼이 간질간질하다"고 하는 걸 보면 형은 모든 존재를 자신과 무관치 않은 것으로 여기고, 특히 감정을 이입하는 적극적 행위를 통해 시를 만들어낸다. 보이는 모든 것이 나의 살이라는 메를로퐁티의 철학이 은연중에 깔려있다. 메를로퐁티의 '살 철학'

을 좋아하는 나와 형이 죽이 잘 맞는 것도 그런 이유일지 모르겠다.

5. 형의 다음 시집을 기대한다

해설도 발문도 아닌 글이 되었다. 형에 대한, 형의 시에 대한 못난 후배의 기대를 다시 한번 확인하게 되었다. 이제 형은 누가 뭐라고 해도 시인이다. 30여 년 감추어왔고, 발설하지 않았던 문학에 대한 열정과 시에 대한 불씨가 제대로 타오르길 기대한다. 나는 좀 성급하게 형의 다음 시집을 기다린다. 다음 시집은 툭 던지듯이 내놓지 말고 잘 포장하여 세상에 올려놓길 바란다.

"형, 그만하면 잘 살아왔어요. 자발머리없이 먼저 시를 쓰게 된 후배가 형의 후원군이 되었다는 걸 기쁘게 생각합니다. 강우식 선생님 모시고 출판 기념회 한번 합시다. 오동동 오동동 춤도 추면서 우리의 스타 우식을 기쁘게 해 드려야지요."